PENSAR, RÁPIDO E LENTO

Resumo e análise do livro
por Daniel Kahneman

PENSAR, RÁPIDO E LENTO

Resumo e análise do livro
por Daniel Kahneman

escrito por Dries Glorieux
traduzido por Alva Silva

PENSAR, RÁPIDO E LENTO — 4

Um livro sobre as falácias que podem prejudicar a tomada de decisões humanas — 4

CONTEXTO — 7

O autor — 7

Contexto e antecedentes — 8

RESUMO DO *PENSAR, RÁPIDO E LENTO* — 9

IMPACTO DO *PENSAR, RÁPIDO E LENTO* — 14

Receção — 14

Críticas à abordagem de Kahneman — 15

Legado — 17

RESUMO — 19

LEITURA ADICIONAL — 21

Bibliografia — 21

Fontes adicionais — 21

PENSAR, RÁPIDO E LENTO

UM LIVRO SOBRE AS FALÁCIAS QUE PODEM PREJUDICAR A TOMADA DE DECISÕES HUMANAS

Desde os anos 70, Daniel Kahneman e o seu colaborador de longa data, Amos Tversky, puseram em causa a sabedoria convencional, mergulhando profundamente nos mecanismos (defeituosos) que os humanos utilizam para tomar decisões. 40 anos mais tarde, estes conhecimentos estão reunidos no *Thinking, Fast and Slow* com o objectivo de os levar a um público mais vasto do que tem sido o caso até agora.

Identificando dois sistemas diferentes de pensamento (simplesmente denominados Sistema 1 e Sistema 2, também conhecido por Fast and Slow), o livro esclarece a fonte destes mecanismos e as condições em que podem ocorrer. Os capítulos centrais aprofundam alguns dos mecanismos específicos identificados nos documentos de Kahneman e Tversky dos anos 70 e como continuam a ser relevantes para as discussões de hoje.

O livro é o coroar de quatro décadas de investigação sobre a tomada de decisões humanas por Daniel Kahneman, e lidera uma onda ainda crescente de investigação sobre os temas incluídos no livro.

Informação Chave

Edição de referência: Kahneman, D. (2011) *Thinking, Fast and Slow*. Nova Iorque: Pinguim.

1ª edição: 2011

Autor: Daniel Kahneman (psicólogo e economista israelo-americano, nascido a 5 de março de 1934)

Domínios: psicologia, economia

Palavras-chave:

- <u>Heurística</u>: um 'atalho' mental que as pessoas usam para fazer julgamentos em situações complexas em que não existem provas suficientes para formar um julgamento plenamente fundamentado.

- <u>Enviesamentos</u>: um desvio sistemático de uma certa norma ou racionalidade no julgamento como consequência do uso continuado da heurística.

- <u>Teoria da prospeção</u>: o modelo descritivo introduzido por Kahneman e Tversky a fim de analisar a tomada de decisões na vida real em oposição a uma tomada de decisões ótima. O modelo afirma que as pessoas não tomam decisões com base em resultados potenciais, mas sim no peso atribuído a perdas e ganhos potenciais. A probabilidade de estas perdas e ganhos serem influenciados pela heurística.

- <u>Ancoragem</u>: uma heurística específica que influencia as perceções da importância na tomada de uma decisão devido a alguma informação ser apresentada primeiro. Com base nesta informação, uma pessoa formará um julgamento de informação subsequente, enviesando o julgamento em favor da primeira informação.

- <u>Efeito endowment</u>: um heurístico que explica a discrepância entre o valor atribuído a algo que já é possuído e o valor atribuído a algo que não é possuído, apesar do facto de estes dois itens terem o mesmo valor. As pessoas estão menos dispostas a separar-se de algo que possuem em troca de algo de igual valor. Em termos económicos, isto traduz-se numa grande diferença na chamada Disponibilidade para Pagar (o que está disposto a pagar por um bem) e na Disponibilidade para Aceitar (o montante mínimo de dinheiro que está disposto a aceitar por um bem para se separar dele).

- <u>Disponibilidade</u>: o atalho mental que atribui uma maior importância à recordação das coisas. As coisas que estão vividamente na mente de alguém são vistas como mais importantes Por exemplo: os acidentes aéreos são ocorrências raras, mas devido à sua alta visibilidade são fontes frequentes de medo para muitas pessoas que têm de apanhar um avião. Os acidentes de automóvel, por outro lado, acontecem com muito mais frequência, mas não são como se fala, devido à sua baixa saliência.

CONTEXTO

O AUTOR

Daniel Kahneman nasceu a 5 de março de 1934 em Tel Aviv, no que ainda era então a Palestina Obrigatória. Fez uma especialização em Psicologia com um menor em Matemática na Universidade Hebraica de Jerusalém, após o que trabalhou para as Forças de Defesa Israelitas até partir para os Estados Unidos em 1958 para prosseguir estudos de doutoramento em Psicologia na Universidade da Califórnia, Berkeley. Académico desde então, é atualmente professor emérito de psicologia e assuntos públicos na Universidade de Princeton.

É mais conhecido pela sua colaboração de longa data com o psicólogo Amos Tversky, com quem realizou a pesquisa sobre a tomada de decisões que lhe valeu o Prémio Nobel Memorial em Ciências Económicas em 2002 (Tversky morreu em 1996). Para além do Prémio Nobel, recebeu também a Medalha Presidencial da Liberdade em 2013. A sua influência académica estendeu-se para além do campo da psicologia a outros campos como a economia e a ciência política, o que se refletiu em espantosas 350 000 citações no Google Scholar. Mais proeminentemente, a sua investigação tem desempenhado um papel muito significativo na ajuda ao estabelecimento do campo da economia comportamental devido à sua colaboração ao longo dos anos com Richard Thaler, o vencedor do Prémio Nobel de 2017. Foi casado com a psicóloga cognitiva Anne Treisman desde 1978 até à sua morte em 2018 e tem dois filhos.

CONTEXTO E ANTECEDENTES

A ascensão da literatura sobre preconceitos e heurística no campo da psicologia coincidiu com a emergência do campo da economia comportamental, que se tornaria um importante subcampo da disciplina económica. A heurística e os preconceitos são exemplos específicos de técnicas (subconscientes) utilizadas como parte do que o cientista político e economista Herbert Simon identificou como racionalidade limitada (1955). Devido a limitações cognitivas inatas por parte dos seres humanos e aos limites impostos pelo ambiente em que estes vivem, não podem agir de forma totalmente racional e, por isso, exploram certos atalhos (heurística e preconceitos).

Como acabou de ser mencionado, Herbert Simon foi pioneiro no estudo da tomada de decisões em condições imperfeitas, introduzindo e elaborando os conceitos de racionalidade limitada e satisfação. A satisfação é uma estratégia de tomada de decisão que envolve uma noção limite de disponibilidade. Possibilita que os indivíduos não procurem a melhor alternativa possível, mas a alternativa que satisfaça um conjunto mínimo de requisitos.

RESUMO DO *PENSAR, RÁPIDO E LENTO*

Thinking, Fast and Slow resume toda uma série de pesquisas independentes feitas nas últimas quatro décadas por Kahneman e Tversky, mas vai além disso para oferecer um quadro conceptual para tentar compreender *por que razão* exatamente as nossas mentes cometem estes erros sistemáticos. No primeiro capítulo, Kahneman distingue entre dois tipos de mente:

- "O *Sistema 1* funciona automática e rapidamente, com pouco ou nenhum esforço e sem sentido de controlo voluntário.

- *O Sistema 2* dedica atenção às atividades mentais eficazes que o exigem, incluindo cálculos complexos. As operações do Sistema 2 estão frequentemente associadas à experiência subjetiva de agência, escolha e concentração" (pp. 20-21).

O sistema 1 é o sistema automático que está connosco constantemente, embora seja na sua maioria subconsciente. Kahneman chama a isto a nossa memória associativa. O sistema 2, por outro lado, é o sistema controlado que utilizamos com menos frequência porque nas nossas rotinas quotidianas tendemos a não nos deparar tanto com questões complexas. O ponto que Kahneman tenta fazer passar é que estes dois sistemas estão em "contacto" um com o outro e que o seu alinhamento (ou desalinhamento) desempenha um papel crucial na razão pela qual as pessoas são propensas ao erro.

Normalmente, a relação entre os dois é um pouco hierárquica:

> *"... Os sistemas 1 e 2 estão ambos ativos sempre que estamos acordados. O sistema 1 funciona automaticamente e o sistema 2 está normalmente num modo confortável de baixo esforço, no qual apenas uma fração da sua capacidade é engatada. O Sistema 1 gera continuamente sugestões para o Sistema 2: impressões, intuições, intenções, e sentimentos. Se aprovado pelo Sistema 2, as impressões e intuições transformam-se em crenças, e os impulsos transformam-se em ações voluntárias. Quando tudo corre bem, o que é a maior parte do tempo, o Sistema 2 adota as sugestões do Sistema 1 com pouca ou nenhuma modificação".* (p. 24)

Os problemas surgem quando ocorrem condições fora do normal. Nessas condições, a coordenação entre os dois sistemas pode funcionar de forma amok e o Sistema 2 perde o seu poder como verificação do Sistema 1: "... O Sistema 1 é geralmente muito bom no que faz: os seus modelos de situações familiares são precisos, as suas previsões a curto prazo são normalmente também precisas, e as suas reações iniciais aos desafios são rápidas e geralmente apropriadas. O Sistema 1 tem preconceitos, contudo, erros sistemáticos que é propenso a cometer em circunstâncias específicas" (p. 25).

Quando isto acontece, o Sistema 2 tem de entrar em ação e substituir o Sistema 1: "Quando o Sistema 1 entra em dificuldade, recorre ao Sistema 2 para apoiar um processamento mais detalhado e específico que possa resolver o problema do momento. O Sistema 2 é mobilizado quando surge uma questão para a qual o Sistema 1 não oferece uma resposta [...]" (p. 24). O Sistema 2 é o sistema que é responsável pelo que chamamos auto-controlo.

Os três capítulos seguintes tratam da gama de falhas no nosso pensamento que Kahneman e Tversky (e em certa medida outros também) identificaram nas décadas desde o início do seu programa de investigação. Os mais proeminentes são os seguintes:

- **Âncoras:** as âncoras são pontos de referência que influenciam a perceção das pessoas sobre uma determinada questão. Em si mesmo, isto não é surpreendente porque usamos referências constantemente para dar sentido às coisas, mas a "falha" é que, independentemente da âncora ser de alguma forma relevante para a questão em questão, aparentemente ainda tem um efeito na forma como percebemos as coisas. O livro dá o exemplo de como dois números aleatórios numa roda da fortuna influenciaram a decisão que as pessoas tomaram quando lhe perguntaram qual era a idade de Gandhi quando ele morreu. Os números não tinham qualquer ligação direta com a idade real do Gandhi quando ele morreu

(78 anos de idade), mas influenciaram a resposta dada pelas pessoas. O primeiro número era 10 e o segundo era 65. Previsivelmente, as pessoas que tiveram 10 em média fizeram estimativas mais baixas da sua idade quando ele morreu, em comparação com as pessoas que tiveram 65 anos. O efeito foi bem documentado durante anos, mas a razão pela qual as pessoas são suscetíveis a efeitos de ancoragem permaneceu por resolver até recentemente: "Dois mecanismos diferentes produzem efeitos de ancoragem – um para cada sistema. Existe uma forma de ancoragem que ocorre num processo deliberado de ajustamento, uma operação do Sistema 2. E existe ancoragem que ocorre por um efeito de escorva, uma manifestação automática do Sistema 1" (p. 120).

- **Disponibilidade:** de certa forma, a disponibilidade heurística é semelhante à heurística de ancoragem porque depende de as pessoas *verem* realmente algo que lhes dá uma impressão errada das coisas. O imaginário brinca com a nossa mente porque joga severamente com as fraquezas do primeiro sistema:

> *"Uma imagem extremamente viva da morte e dos danos, constantemente reforçada pela atenção dos media e pelas conversas frequentes, torna-se altamente acessível, especialmente se estiver associada a uma situação específica, como a visão de um autocarro. A excitação emocional é associativa, automática e descontrolada, e produz um impulso para uma ação protetora. O sistema 2 pode "saber"*

- **O efeito de dotação:** o efeito de dotação, como refe-rido anteriormente, é quando o valor que atribui a algo que possui pessoalmente supera o valor que atribui a outro item que não possui, quando na reali-dade têm exatamente o mesmo valor quando consi-derados objetivamente. O que está a causar esta discrepância? A causa não está em nenhuma carac-terística inerente associada a bens diferentes, mas sim no objetivo que servem: "A característica distin-tiva é que tanto os sapatos que o comerciante lhe vende como o dinheiro que gasta do seu orçamento em sapatos são mantidos "para troca". São destina-dos a ser trocados por outros bens. Outros bens, tais como vinho e bilhetes do Super Bowl, são guardados "para uso," para serem consumidos ou usufruídos de outra forma" (p. 294). Os bens que pretende utilizar têm para si um valor mais elevado do que os bens para troca, portanto, quando tem uma boa garrafa de vinho, como no exemplo dado no livro, estará relu-tante em partilhar com ela, a menos que a soma que lhe foi dada seja consideravelmente superior à quan-tia que estava disposto a gastar na sua compra.

IMPACTO DO *PENSAR, RÁPIDO E LENTO*

RECEÇÃO

Um livro escrito por um vencedor do Prémio Nobel Memorial, resumindo elegantemente uma riqueza de investigação académica, quase atrai uma atenção significativa, e sobre este ponto tem dado resultados. Foi amplamente revisto e elogiado, continuando a ganhar prémios como o National Academy of Sciences Best Book Award, um dos melhores livros de 2011 do *The New York Times Book Review*, um dos livros do *The Economist* 2011 Books of the Year e um dos melhores livros de não-ficção de 2011 do *The Wall Street Journal*.

O livro vendeu até agora mais de um milhão e meio de exemplares desde a sua primeira publicação em 2011, levando-o a ser incluído numa série de listas de best-sellers, tais como a lista de best-sellers do New York Times. Academicamente, tem sido revisto em pontos de venda, incluindo o *Journal of Economic Literature*.

É um dos poucos livros escritos por um académico que consegue percorrer o mundo académico e o mundo convencional. O livro é utilizado por académicos como livro de texto em cursos de psicologia e economia comportamental ou como parte de uma lista de leitura para um curso.

CRÍTICAS À ABORDAGEM DE KAHNEMAN

Embora geralmente recebida positivamente no mundo académico, a literatura sobre heurística e preconceitos ainda tem atraído algumas críticas. Duas críticas em particular parecem valer a pena salientar:

1. Foi argumentado que a irracionalidade como consequência do funcionamento da heurística e dos preconceitos iria/virá a ser erradicada no processo do mercado. Os preços e as atribuições tornar-se-ão eficientes de um ponto de vista económico, apesar dos fatores psicológicos envolvidos. Um exemplo particular disto é o exemplo de Milton Friedman (1953) deste mecanismo nos mercados financeiros.

2. A segunda crítica reconhece a influência que os fatores psicológicos têm no comportamento individual, mas afirma que isto só afeta o comportamento na margem, enquanto que as abordagens económicas normais lidam com o comportamento de primeira ordem. Como tal, não afeta as decisões fundamentais tomadas pelos indivíduos (ou pelo menos não em qualquer sentido significativo).

Estas críticas têm sido geralmente abordadas pela investigação empírica, lançando dúvidas sobre a eficácia dos mecanismos de mercado discutidos.

Uma crítica mais contundente é a levantada por Andrei Shleifer (2012). A distinção funcional entre o Sistema 1 e o Sistema 2 torna-se tensa quando olhada de mais perto. É realmente o caso do Sistema 2 fornecer uma verificação informativa fiável contra os erros do Sistema 1? Shleifer salienta que a informação que o Sistema 2 possui varia radicalmente entre as pessoas:

> *"... computar 20 x 20 é uma tarefa do Sistema 1 sem esforço, em grande parte porque tanto os economistas foram selecionados para serem bons nisso e têm tido muita prática. Mas para muitas pessoas que não são especialistas, esta operação é eficaz, ou mesmo impossível, e é certamente o domínio do Sistema 2. Em contraste, aparafusar uma lâmpada é para mim muito Sistema 2 [...]. À medida que as pessoas adquirem conhecimentos ou perícia, os domínios dos dois sistemas mudam".* (2012: 4)

Se o Sistema 2 corrigirá ou não os erros cometidos pelo Sistema 1 parece depender mais dos traços dos indivíduos em causa, e não de qualquer distribuição generalizável do conhecimento entre os dois. Além disso, os problemas associados aos dois sistemas são teoricamente distintos: como Kahneman (e Tversky) salientaram, as pessoas falham no Sistema 1 pensando porque não pensam nos problemas da forma correta. No entanto, as pessoas falham no Sistema 2 pensando, devido à racionalidade limitada acima mencionada, o que significa que a resolução de problemas complexos é limitada, apesar de nós conscientemente lhe dedicarmos atenção (por exemplo, apesar de pensarmos nestes problemas da forma correta).

Assim, o Sistema 1 e o Sistema 2 parecem ser processos mentais distintos, levando Shleifer a pensar que a visão hierárquica de Kahneman entre 1 e 2 pode não ser confirmada por pesquisas futuras: "... cada um dos Sistemas 1 e Sistema 2 parece ser um conjunto de processos mentais distintos. O Sistema 1 inclui atenção inconsciente, perceção, emoção, memória, narrativas causais automáticas, etc. Preocupa-me que, uma vez elaborada a biologia do pensamento, seja pouco provável que o que realmente acontece nas nossas cabeças seja mapeado em pensamento rápido e lento". (ibid.: 5).

LEGADO

As ideias do livro influenciaram fundamentalmente uma série de campos, tais como a psicologia, a economia, a ciência política, negócios e finanças (como demonstrado pelo trabalho de Robert Schiller, que ganhou o Prémio Nobel em Ciências Económicas de 2013 pelo seu trabalho sobre finanças comportamentais). Como mencionado anteriormente, pessoas como Richard Thaler em economia, mas também Cass Sunstein em direito, têm estado estreitamente associados aos projetos de investigação de Kahneman e Tversky durante muito tempo.

Um crescimento especialmente notável da heurística e do programa de investigação de preconceitos foi a ascensão do campo do paternalismo libertário. Aqui Thaler colaborou com Sunstein para pensar no impacto que a presença de deficiências cognitivas poderia ter na conceção de políticas (ver o guia do livro *Nudge*, escrito por eles). A ideia é que os governos podem implementar aquilo a que chamam "Arquitetura de Escolha": um conjunto de recomendações que impele as pessoas a fazer certas escolhas que são melhores para elas, tal como julgadas pelas próprias pessoas. Estes estímulos políticos devem funcionar melhor exatamente porque respondem às predisposições psicológicas das pessoas.

RESUMO

Kahneman define uma série de termos-chave relacionados com processos de pensamento humano:

- **Sistema 1:** o sistema que é responsável por lidar com os fluxos diários de informação com que nos deparamos. É impulsivo e em grande parte subconsciente, mas normalmente consegue fazer o trabalho porque as coisas com que somos confrontados são em grande parte situações simples que não requerem que mudemos para o Sistema 2. O Sistema 1 compreende, basicamente, capacidades humanas inatas que são partilhadas com quase todos os outros e algumas competências básicas ensinadas, tais como associações entre ideias, leitura, nuances, etc. Este conhecimento é armazenado e acedido por pessoas sem intenção ou esforço.

- **Sistema 2:** isto inclui operações que são realizadas conscientemente: "As operações muito diversas do Sistema 2 têm uma característica em comum: requerem atenção e são perturbadas quando a atenção é desviada" (p. 22). Aqui as pessoas são confrontadas com uma troca: a quantidade de atenção que está disponível é limitada e por isso só podemos concentrar-nos num pequeno número de coisas em qualquer momento. Isto leva-nos a olhar para uns enquanto negligenciamos outros. A pesquisa canónica mencionada no livro é a experiência em que se diz às pessoas que se concentrem num de dois grupos de pessoas num vídeo. Enquanto o fazem, um homem passa pelo filme vestindo um fato de macaco. A maioria das pessoas desconhece a passagem do macaco porque estão a gastar todo o seu foco disponível num grupo em particular, eliminando progressivamente outras coisas no processo.

- **Teoria da Prospeção:** a estrutura de escolha teórica que Kahneman e Tversky desenvolveram para explicar como as pessoas escolhiam na vida real em oposição às abstrações utilizadas na economia neoclássica, por exemplo.

- **Heurística:** atalhos mentais utilizados pelas pessoas para chegar a decisões sobre determinados tópicos sem ter acesso à informação que seria necessária para tomar uma decisão plenamente informada. Estes heurísticos podem ser tanto positivos como negativos porque os atalhos podem ser baseados na melhor informação disponível, que é um substituto fiável, ou podem distorcer o assunto em questão ao deturparem o acaso, a causalidade, etc.

LEITURA ADICIONAL

BIBLIOGRAFIA

Kahneman, D. (2011) *Thinking, Fast and Slow*. Nova Iorque: Pinguim.

FONTES ADICIONAIS

Glorieux, D. (2019) *Resenha de livro: Nudge de Richard H. Thaler e Cass S. Sunstein*. Bruxelas: Plurilingua Publishing.

Kahneman, D. & Tversky, A. (1979) Prospect Theory: Uma Análise da Decisão sob Risco. *Econometrica*. 47(2), pp. 263-292.

Shleifer, A. (2012) Psicólogos no Portão: A Review of Daniel Kahneman's *Thinking, Fast and Slow*. *Journal of Economic Literature*. 50(4), pp. 1-12.

Simon, H. (1955) A Behavioral Model of Rational Choice (Um Modelo Comportamental de Escolha Racional). *The Quarterly Journal of Economics*. 69(1), pp. 99-118.

Thaler, R. & Sunstein, C. (2009) *Nudge: Melhorar as decisões sobre saúde, riqueza e felicidade*. Nova Iorque: Pinguim.

Tversky, A. & Kahneman, D. (1974) Judgment under uncertainty: Heuristics and biases. *Ciência*. 185(4157), pp. 1124-1131.

Tversky, A. & Kahneman, D. (1973) Disponibilidade: Uma Heurística para Julgar a Frequência e Propagabilidade. *Psicologia Cognitiva*. 5, pp. 207-232.

Queremos ouvir de si!
Deixe um comentário sobre a sua biblioteca online
e partilhe os seus livros favoritos nas redes sociais!

A editora assegura a fiabilidade da informação publicada, a qual, no entanto, não poderia assumir a sua responsabilidade.

Mestre ISBN: 9782808065764
Papel ISBN: 9782808066051
Depósito legal: D/2022/12603/134

Desenho digital: Primento,
o parceiro digital dos editores.